AF440296

RÉPUBLIQUE FRANÇAISE

LIBERTÉ, ÉGALITÉ, FRATERNITÉ

LE PROGRÈS
RADICAL ET CONSERVATEUR

Par un ancien élève du Collége royal de Tournon
(sous Louis-Philippe)
et du Grand Séminaire Saint-Sulpice
(à Issy et à Paris)

*Respect aux opinions sincères
et sérieusement motivées.*

Premier fascicule : Les Prolégomènes ;
A suivre, les trois questions :
religieuse, politique, et sociale de l'ordre
moral.

NICE

TYPOGRAPHIE ET STÉRÉOTYPIE V.—EUGÈNE GAUTHIER ET Cᵒ
Descente de la Caserne, 1
—
1879

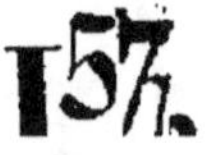

LE PROGRÈS

RADICAL ET CONSERVATEUR

---

§ Ier

Il y a actuellement en France deux partis politiques bien distincts qui se font la guerre à outrance.

Nous voudrions les concilier.

Dans ce premier camp on voudrait tout changer *radicalement*, ou couper à la racine et détruire entièrement toutes nos institutions, même les plus traditionnelles. Dans cet autre on voudrait au contraire *conserver* tout ce qui existe encore ; et rétablir même ce qui a existé déjà.

Ces deux partis se subdivisent chacun en plusieurs catégories.

Ainsi premièrement les Radicaux, tout en partant d'un même principe d'élimination, comptent parmi eux beaucoup de gens qui ne veulent pas aller aussi loin que les autres. Mais la rigueur même de leur principe ne les amènera-t-elle pas bientôt à dépasser ces limites que l'horreur instinctive d'un gouffre béant les force d'admettre, même sans les déterminer d'avance; et ne fera-t-elle pas triompher, en leur temps, ceux qui parmi eux s'appellent avec motif : les Purs, c'est-à-dire les Intransigeants ?

De leur côté, les Conservateurs sont principalement les Légitimistes de la première et de la deuxième branche royale et les Bonapartistes.

Les Radicaux, et c'est ce qui fait leur force, s'entendent le mieux entre eux, actuellement qu'ils n'ont encore qu'à détruire et à abattre sans rien reconstruire. Les plus exagérés, tout en revendiquant hautement leurs prétentions, sont bien aises d'avoir dans leur avant-garde des combattants plus timides qui leur ménagent le terrain et leur préparent une situation, que par leur intermédiaire ils obtiendront plus facilement, et surtout plus sûrement.

Les Conservateurs se composent, malheureusement pour eux, d'éléments trop hétérogènes dont l'union ne sera jamais assez intime, assez réelle pour leur donner une force véritable. Evoquent-ils comme leur trait d'union, le seul possible, le principe d'hérédité dynastique? Mais tout de suite se présentent à eux, comme source de division : et l'Autocratie légitimiste de la première branche royale, et le Gouvernement constitutionnel de la deuxième où le Roi doit gouverner sans régner; et l'Impérialisme.

§ II.

Telle est actuellement en France la situation politique. Or, que nous promet-elle de certain pour un avenir, maintenant si rapproché, que notre Constitution provisoire avait voulu préparer en demandant si justement à tous les partis une trêve temporaire ?

Tant que les Radicaux ne poursuivront que leur but unique d'élimination, ils ne sauront où ils nous mènent. Et tant que les Conservateurs ne chercheront à s'unir que pour maintenir ou pour rétablir ce qu'ils voient ou ce qu'ils ont vu tomber, ils ne sauront pas non plus où ils nous mènent, puisqu'après leur victoire commune ils auraient encore à lutter entre eux !...

Donc la tactique actuelle en France est mauvaise au suprême degré, puisque non-seulement elle nous entretient dans une désunion et une guerre civile plus ou moins latente, mais encore qu'elle ne peut nous conduire que dans les ténèbres, sans jamais savoir où nous arriverons.

Non, non, nous ne voulons pas que dans des journaux prétendus plus pacifiques et mieux intentionnés, mieux pensants, on fasse le moindre effort pour unir ce qu'on appelle le parti Conservateur, contre le Radicalisme. Mais nous ne voulons pas non plus que les Radicaux s'unissent entre eux, dans l'unique, ou au moins le principal but d'éteindre en France le véritable esprit conservateur.

Nous voulons la paix ; nous voulons l'union de tous les partis. Nous voulons que tous les Français, autant que cela peut être possible, soient à la fois Radicaux et Conservateurs, en coupant à sa racine tout le mal, et en conservant au contraire tout le bien qu'ils pourront rencontrer chez eux.

Rien n'est parfait sur cette terre. Mais si dans tous les jardins il y a continuellement une quantité immense de mauvaises herbes à arracher ; il y en a aussi beaucoup de fort bonnes à conserver et à développer.

Il s'agit donc de se proposer la recherche d'un progrès réel, soit physique, soit moral, uniquement basé sur les données de l'éclatante lumière de la Vérité.

Le progrès physique ne nous manque pas, comme vient de nous en apporter l'évident témoignage l'Exposition universelle de Paris en 1878. Mais le progrès moral où est-il ? où l'avons-nous ?

Ne craignons pas, tout d'abord, de l'avouer ici. Ceux qui doivent l'établir et le maintenir ont fait gravement défaut, principalement en France. La *Justice* et la *Vérité*, seules bases et conditions essentielles du progrès réel dans les mœurs, ont été diminuées et obscurcies. On a comme oublié de fonder la morale sur de fortes et immuables convictions, dont on a même cherché (comme nous le prouverons) à empêcher le développement franc et sincère.

§ III.

C'est seulement peu à peu et non subitement que la clarté s'est faite pour nous, dans cette grave question. Depuis longtemps nous ne nous occupions plus de politique ; nous avions formé notre opinion ; et nous étions même arrivé à ne plus lire aucun journal. Mais lorsque tout à coup, à la manière des plus bruyants éclats de tonnerre, il parvint jusqu'à nos oreilles, pourtant fermées, cette parole : *le cléricalisme, voilà l'ennemi*, nous ne pûmes nous empêcher de sortir soudainement de notre sommeil. Dans la vive émotion que nous avait communiquée cette commotion électrique, nous entreprîmes d'établir le plus solidement possible, quoique en courant, que le catholicisme était faussement posé comme l'ennemi du genre humain, principalement pour ce qui avait trait aux constitutions politiques.

Depuis cette époque, de mûres réflexions et de salutaires expériences nous ont appris que nous avions malheureusement, mais comme tant d'autres, confondu le cléricalisme avec le catholicisme ; et même le catholicisme actuel avec le vrai christianisme : en tous les cas, la Religion avec ses Ministres. Nous avons appris que d'après la remarque même de Bossuet, il fallait toujours distinguer, dans la Religion, deux éléments divers : le divin et l'humain, et ne jamais perdre de vue que, si l'élément divin continuait à se maintenir en triomphe, ce n'était que tout miraculeusement malgré les faiblesses même, toujours bien grandes, de l'élément humain, qui semble pourtant n'avoir pour but de son existence ici-bas que de soutenir le divin.

Nous avons appris par notre propre expérience que le clergé catholique, en dehors même des prescriptions les plus chrétiennes, et de l'esprit de sa religion, ne cherchait *actuellement* que la domination la plus *absolue* sur les Individus comme sur les Nations.

Que nos plus sincères actions de grâce soient adressées publiquement ici, par notre cœur, à la divine Providence qui a daigné nous ouvrir ainsi les yeux et nous placer sur le vrai chemin pour rencontrer la Vérité réelle, notre unique guide à tous!

Laissant à une autre époque et à une autre occasion le récit plus intime des preuves de l'oppression exercée sur notre individualité, nous n'avons à parler ici que des questions générales appelées politiques et qui regardent les Nationalités.

§ IV.

La première preuve évidente des prétentions d'absolutisme dans les meneurs prétendus catholiques de notre époque en France, c'est la conduite publique qu'ils ont tenue dès la nomination, pourtant si providentielle, selon nous, du second Président de la République française depuis 1870. Ils affichèrent, avec le plus grand droit sans aucun doute, le but essentiellement bon et uniquement nécessaire, de rétablir avant tout l'ordre moral. C'était certainement ce qu'il fallait alors, et ce qu'il faut encore actuellement.

Mais quel fut leur premier acte entrepris pour atteindre ce but si désirable? Eurent-ils recours à un moyen de persuasion en faisant appel à des convictions préalablement établies, ou au moins fortement ravivées? — Bien loin de là, ils se hâtèrent de concentrer tous les secours de leur force publique pour exiger de gens encore si peu aptes à abonder dans leur sens, la fermeture des cabarets, des cafés pendant les offices du dimanche!......

On sait quels furent à cette occasion tous les embarras de la Justice humaine, malheureusement obligée de baisser pavillon!...... Ils ne parvinrent qu'à rendre encore plus difficile, en le ridiculisant, le rétablissement de cet ordre dont le nom marque si bien ne devoir jamais être imposé ni uniquement ni même principalement par la force physique. Ah! sans doute celle-ci pourra devenir je dirai même nécessaire en certains cas, pour ranimer en nous, parmi nos esprits vitaux, celui qui, moins noble, nous rapproche de la bête, selon les justes observations de Xavier de Maistre. Mais pour agir sur l'homme complet et par-dessus tout intelligent, sur l'homme d'Aristote : sur l'animal raisonnable et raisonneur, la force morale aura toujours, par les vivantes convictions qu'elle saura communiquer, les plus réels et les plus persistants succès.

§ V.

La seconde preuve encore bien frappante de vérité, c’est que, au moins depuis quelques années, en France, le plus grand nombre des feuilles politiques parlant au nom de l’Eglise catholique de Rome ne professent uniquement que les principes de ce qu’ils appellent *la légitimité* en faveur soit des deux branches royales, soit de la famille des Bonaparte.

Nous demanderions volontiers pourquoi ces meneurs actuels veulent ainsi s’étayer sur la prétendue puissance des dynasties héréditaires; pourquoi ils réclament avant tout la force humaine, le secours du bras séculier, en revenant aux principes des Césars du paganisme. Mais sans attendre encore pour le moment aucune réponse qui ouvre une discussion, et qui ne pourra jamais, dans aucun cas, faire un grand honneur à leurs convictions religieuses : à leur confiance en l’Autorité divine, nous nous contentons de constater un fait qu’on ne peut nier et qui prouve une fois de plus, d’une manière incontestable, les prétentions d’absolutisme en ceux qui se posent parmi nous comme les vrais et les seuls représentants possibles de l’Eglise catholique.

Ce fait est palpable. A cette heure, comme le remarque dans un excellent journal catholique de province une plume trop faible, hélas ! et surtout, à notre avis

du moins, trop timorée : « A cette heure, écrire que le
« Pouvoir vient de Dieu immédiatement par le canal
« du peuple, c'est presque passer pour hérétique.
« Non pas à Rome, heureusement! »

Ces derniers mots sont à noter comme prouvant une
divergence d'opinion entre l'*Eglise de l'Univers pari-
sien*, et l'*Eglise universelle de Rome*. Dans tous les
cas il s'agit d'un point non encore défini, par Rome au
moins, sinon par Paris.

C'est un fait palpable, mais aussi dont les consé-
quences sont déjà, et seront de plus en plus terribles.
Songent-ils bien à tous les effets désastreux de leurs
paroles et de leurs écrits, ceux qui osent présenter et
prêcher au nom de l'Eglise de Jésus-Christ et même
de l'Eglise catholique, des vérités ainsi diminuées et
obscurcies? Ils nous montrent bien comment, par la
similitude de leurs résultats, on peut dire que les ex-
trêmes se touchent ! Mais n'anticipons pas.

§ VI.

Voici notre troisième preuve encore plus forte sans
doute que les deux premières dont chacune, à elle
seule, pourrait pourtant suffire. Ici il n'y a plus à en
douter aucunement : nous voyons dans la dernière
évidence qu'on nous enlève par l'absolutisme le plus
complet *le droit et le devoir* de la pensée individuelle
dans l'acte essentiel de la formation de nos convictions.

Un autre a pensé pour vous, nous dit-on, il n'y a plus qu'à vous soumettre irrévocablement. *Magister dixit*, le Maître l'a dit ; *sit pro ratâ ratione voluntas !*

Nous n'inventons pas ; nous posons un fait qui est la conséquence réelle de l'infaillibilité de celui-là seul qu'on appelle le Représentant principal et fondamental de l'Eglise catholique ; un fait qui est ainsi traduit par lui dans la fulmination d'une *excommunication géné-rale* rappelée par le journal l'*Univers* (le mercredi 7 août 1878 dans l'édition semi-quotidienne.)

Nous donnerons en entier tout cet article important. Mais rappelons ici principalement l'attention du lec-teur sur ce passage. « *A plus forte raison, encourent la même peine* (de l'excommunication majeure tout spécialement réservée au Pape) *ceux qui assistent aux fonctions ou services des acatholiques ou hérétiques ; ou qui écoutent la prédication de ces hérétiques avec la détermination arrêtée de se rendre à leurs raisons, s'ils arrivent à les persuader.* »

Voilà bien le comble de l'absolutisme. S'ils arrivent à les persuader, il faut qu'ils rejettent leurs raisons ! Il faut rejeter des raisons, des raisonnements qui per-suadent !.....

Il faut donc, ô Pape, que devant vous l'homme se découronne de sa plus belle auréole, et qu'il devienne *animal sans raison* pour tomber à vos pieds, et baiser votre mule !

§ VII.

Voilà donc trois faits sensibles qui prouvent invinciblement l'existence d'un esprit de domination vraiment tyrannique en nos meneurs actuels du Clergé catholique en France.

Ils nous amènent à une étude, qui doit être avant tout, sérieuse et consciencieuse, de trois causes de la plus grande importance pour notre vitalité sociale : La question religieuse, la question politique et la question de l'ordre moral. Nous venons essayer d'ouvrir dans ce vaste champ d'exploration, au moins une première trace, par des considérations tout à fait générales. Ce sera une synthèse primitive précédant l'analyse ultérieure des détails.

Parlant au nom de la Justice et de sa sœur la Charité dont nous cherchons, sinon le rétablissement, au moins la consolidation et le maintien parmi nous, il faut que nous nous laissions guider par les seules lumières de la Vérité. Loin de nous donc, je ne dirai pas tout désir, mais même seulement toute velléité, toute surprise d'erreur mensongère, et comme aussi de tout esprit de parti pris d'avance ou préconçu.

Pour conserver le bien et acquérir le mieux, l'homme doit savoir se rétracter quant il le faut. Le proverbe le dit : *errare humanum est; diabolicum perseverare.* Il est de la faiblesse humaine d'errer, et c'est un fait diabolique de vouloir persister dans ses errements. Le vrai progrès va jusque là en nous disant: Courbe ta tête, fier Sicambre ; brûle ce que tu as adoré et adore ce que tu as brûlé. Il nous fait marcher selon des convictions actuelles, aussi réelles que profondes, et solidement établies sur l'examen sérieux du pour et du contre de chacun des objets mis en question.

Nous parlerons donc en toute franchise et simplicité ; comme aussi en toute charité, après avoir solennellement déclaré ici que nous voulons être l'ami de tous : d'Aristote aussi bien que de Platon ; mais par dessus tout et au suprême degré, l'ami de la Vérité. *Amicus Plato ; amicus Aristoteles ; amicissima Veritas.*

Le progrès nous réunira tous, selon les circonstances, dans un seul et même désir de radicalisme ou de conservation pour le bonheur de notre France.

www.ingramcontent.com/pod-product-compliance
Lightning Source LLC
Chambersburg PA
CBHW061501050726
47593CB00004B/1735